나는 누구일까요?
동글동글 작은 눈,
까맣고 반짝이는 눈,
번뜩이는 날카로운 눈,
동물들의 눈을 보고
재미있는 맞히기 놀이를 해 보아요.

글·그림_ 필리스 림바허 틸데스

로드아일랜드 디자인 학교에서 일러스트레이션을 전공했습니다. 홀마크의 디자이너 및 홉킨스 예술 센터의 예술 조감독으로 일했습니다. 1995년 첫 동화를 출간한 이후로 애완동물과 야생 동물에 관련된 여러 종류의 책을 출판하였으며, 25년 이상 프리랜서 그래픽 디자이너로 일했습니다. 현재 미국 조지아 주에 거주하며 예술 창작 세계를 넓혀 가고 있습니다. 지은 책으로는 〈변장에 능한 동물의 세계〉, 〈캘리코의 호기심 많은 아기고양이들〉 등이 있습니다.

옮김_ 김희균

서울대학교 법과대학을 졸업하였습니다. 파리 대학에서 불문학을 전공하고 현재 영어와 불어 전문 번역가로 활동하고 있습니다. 옮긴 책으로 〈타임 투 킬〉, 〈영화의 탄생〉, 〈벨라스케스〉, 〈로마〉 등이 있습니다.

이 책의 표지는 일반 용지보다 1.5배 이상 고가의 고급 용지인 드라이보드지를 사용해 제작했습니다. 표지를 드라이보드지로 제작하면 습기의 영향을 덜 받아 본문 용지가 잘 울지 않고, 모양이 뒤틀리지 않아 책을 오랫동안 보존할 수 있습니다.

이 책은 기존의 석유 잉크 대신 친환경 식물성 원료인 대두유 잉크를 사용해 인쇄하였습니다. 대두유 잉크는 선진국에서 널리 사용하고 있는 고가의 대체 잉크로, 휘발성이 적어 인쇄 상태의 품질이 좋고, 인체에 무해할 뿐만 아니라 눈에 부담을 주지 않는 자연스러운 색을 내는 특징이 있습니다.

한국헤밍웨이의 도서 구입처에서 **한국헤밍웨이 무료 교육센터** 회원증을 발급해 드립니다. 회원증을 가지고 무료교육센터에 오시면 대학 교수 및 유, 초등 교사 자격증을 소지한 선생님들로부터 과목별 특강과 논술, 독서법 등을 무료로 교육받을 수 있고, 한국헤밍웨이 출간 도서 40여 종과 최첨단 시청각 교육실, 다양한 놀이 시설 등을 무료로 이용할 수 있습니다. 한국헤밍웨이 무료교육센터는 현재 운영 중인 **분당점, 부천점, 노원점, 영등포점, 오산점, 강동점** 등을 포함, 전국 주요 도시 24곳에서 운영될 예정입니다. 자세한 내용은 한국헤밍웨이 홈페이지를 참고해 주십시오.

키즈 자연과학 그림책 • 47
나는 누구일까요?

펴 낸 이	전병용
펴 낸 곳	(주)한국헤밍웨이
주 소	서울특별시 송파구 석촌동 7-3번지
대 표 전 화	(02)470-7722 · 475-2772
팩 스	(02)470-8338 · 475-2552
연구개발원 · 회원무료교육센터	
주 소	경기도 성남시 분당구 금곡동 444-148
대 표 전 화	(031)715-7722 · 715-8228
팩 스	(031)786-1100 · 786-1001
고 객 문 의	080-715-7722
출 판 등 록	제17-354호
편 집	조애경, 임미옥, 송은미, 이영혜, 김미란, 김태정, 이여신, 박정수, 김지균, 왕혜선, 박현혜, 우다현, 조선학
디 자 인	전경숙, 김진아, 이수현, 우지영, 선우소연, 조수진, 박미경, 이정하, 김지원, 이둘영, 이현경, 송미현, 정년화

Eye guess : A Foldout Guessing Game
Text and Illustrations Copyright © 2005 by Phyllis Limbacher Tildes
Original edition first published by Charlesbridge Publishing under the title of
Eye guess : A Foldout Guessing Game. All rights reserved.
Translation Copyright © Korea Hemingway
This Korean edition is published by arrangement with Charlesbridge Publishing through Young Agency, Seoul, Korea.

이 책의 한국어판 저작권은 영 에이전시를 통한 Charlesbridge Publishing과의 독점 계약으로 한국헤밍웨이에 있습니다. 저작권법에 의해 한국 내에서 보호를 받는 저작물이므로 무단 전재와 무단 복제를 금합니다.

전64권(부록 5권 포함) www.hemingway-book.co.kr

⚠ 주의 : 본 교재를 던지거나 떨어뜨리면 다칠 우려가 있으니 주의하십시오. 고온 다습한 장소나 직사광선이 닿는 장소에는 보관을 피해 주십시오.

키즈 자연과학 그림책 47 생물 정보

나는 누구일까요?

글·그림 필리스 림바허 틸데스 | 옮김 김희균

한국헤밍웨이

나는 땅에서는 **뒤뚱뒤뚱** 걷고
연못에서는 물장난을 쳐요.
넓적한 발에는 물갈퀴가 있어서
헤엄도 치고 잠수도 하지요.

나는 누구일까요?

*오릿과 중 **청둥오리**의 그림이에요.

나는 집을 등에 업고 다녀요.
무서우면 집 안으로 쏙 들어가서 숨고
다시 튀어나와 **까꿍!** 할 수도 있지요.

나는 누구일까요?

오리

나는 눈도 크고 입도 커요.
"개~구~우~울, 개~구~우~울."
할 수 있는 말은 이게 전부예요.
맛있는 벌레를 제일 좋아하지요.

나는 누구일까요?

내 눈은 까만 털 속에 숨어 있어요.

조그만 손으로 둥지에서 알을 꺼내거나

가지에 달린 열매를 따 먹기도 하지요.

날이 어두워지면 물고기를 잡으러 가요.

나는 누구일까요?

내 몸에는 줄무늬도 있고, 점도 있어요.

귀는 끝이 **뾰족**하고, 꼬리는 **뭉툭**해요.

고양이와 비슷하지만, 사람들과 살지 않아요.

내 눈은 낮에도, 밤에도 잘 보인답니다.

나는 누구일까요?

내 발은 작고 하얗지요.

꼬리는 길고,

수염은 아주 가늘어요.

작은 굴을 파서

풀과 나뭇잎으로 꾸민 집에서 살아요.

나는 누구일까요?

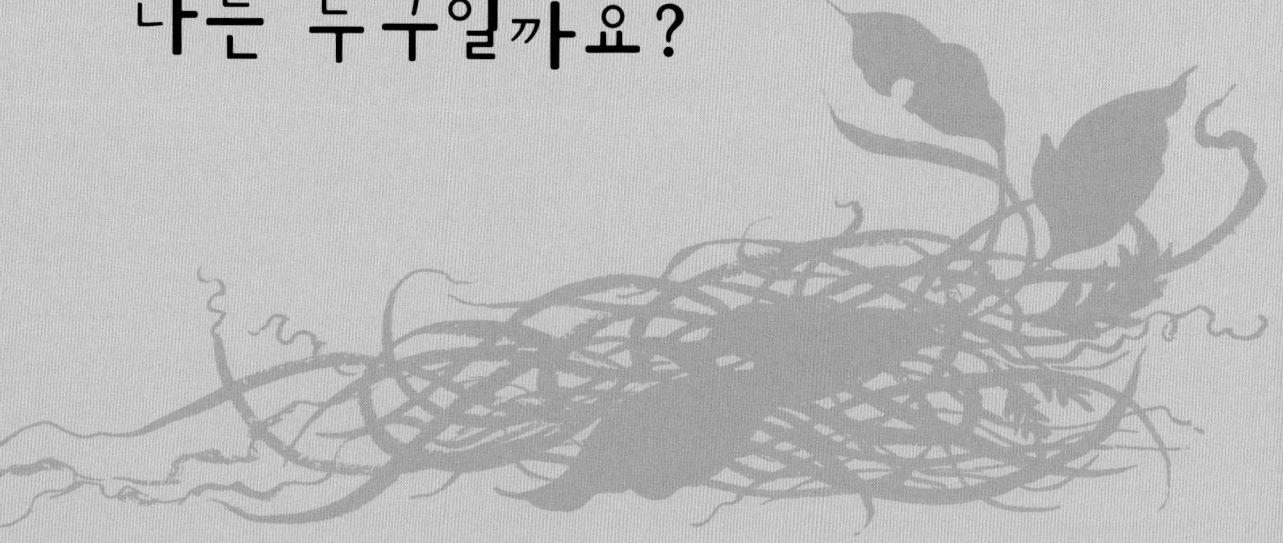

쥐

낮에는 나무 속에서 잠을 자요.

밤이 되면 눈이 크고 밝게 빛나지요.

어둠 속에서도 작은 생쥐까지

다 볼 수 있어요.

나는 누구일까요?

내 눈은 어둠 속에서 **번뜩**여요.

나는 친구들과 무리지어 다니고,

달을 보면서 울부짖는 걸 좋아하지요.

나는 누구일까요?

키즈 자연과학 그림책

동물들은 세상이 어떻게 보일까요?

동물들의 눈에는 세상이 어떻게 보일까요? 빛의 방향 정도만 구분하는 곤충이 있는가 하면, 색을 잘 구별하지 못하는 개도 있고, 빛을 불편해하는 올빼미도 있어요. 이렇듯 살아가는 환경과 필요에 따라 눈으로 볼 수 있는 것에 차이가 있답니다.

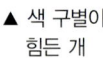
▲ 색 구별이 힘든 개

동물마다 다르게 보여요

▲ 밝고 어두움만 구별하는 곤충

시각은 동물에게 있는 다섯 가지 감각 중 하나예요. 그러나 모든 동물에게 같은 물체가 똑같은 모습으로 보이지는 않아요.

예를 들어 곤충이나 갑각류에게 '본다는 것'은 마치 사람이 온도를 느끼는 것과 같아요. 실제로 곤충이나 갑각류가 느낄 수 있는 것은 밝고 어두움의 구별뿐이며 잘 해야 어느 방향에서 빛이 오는가를 구별하는 정도밖에 되지 않아요.

그러나 육식 동물은 대개 아주 먼 곳에 있는 먹이도 찾아 낼 수 있어요. 예를 들어 곤충을 잡아먹는 새는 8백 미터 떨어진 곳에 있는 잠자리까지 찾아 낼 수 있어요.

또, 개는 색을 잘 구별하지 못해요. 대신 어두운 곳에서도 사물을 잘 분간하며, 움직이는 사물을 알아보거나 냄새를 맡는 능력은 아주 뛰어나요.

'물고기가 색을 구별할 수 있을까'도 오랜 논쟁거리였지만, 1913년 홈프리치라는 동물학자의 실험에 의해 색맹이 아님이 확인되었어요. 피라미나 큰가시고기의 수컷은 알 낳을 시기가 되면 몸 빛깔이 빨갛게 변하고 암컷이 이 색을 알아보는데, 이런 행동만으로도 쉽게 알 수 있어요.

원숭이들도 색채 감각이 놀라울 정도로 발달해 있어요. 멀리 있는 열매가 무르익었는지 아닌지, 나뭇잎이 싱싱한지 아닌지를 알아 낼 수 있지요.

▲ 산란기에 빛깔이 변하는 큰가시고기

원숭이는 서로 교류하는 데에도 빛깔을 이용해요. 수컷 맨드릴원숭이는 현란

생물 정보

한 빛깔로 암컷에게 자기를 과시하거나 다른 동물을 위협하기도 해요.

상어에게 시력은 매우 중요해요. 좋은 시력은 길을 찾으며 사냥할 때 꼭 필요하지요. 그렇지만 시력 하나 만으로는 충분하지 않아요. 물 속에서 고기를 잡는 일은 쉽지 않으니까요. 상어는 예민한 후각을 갖고 있어 멀리서 해류를 타고 전해지는 미세한 냄새도 맡을 수 있어요.

▲ 현란한 색으로 암컷을 부르는 맨드릴원숭이

▲ 멀리까지 볼 수 있는 상어

야행성 동물의 눈

야행성 동물의 경우, 빛이 없는 밤에도 먹이를 찾고, 적으로부터 몸을 피하기 위해 눈이 발달했어요. 야행성 동물의 눈은 야광처럼 빛나는데, 이는 눈 뒤쪽에 빛을 반사하는 기능이 있어, 망막을 통과해 온 빛을 다시 한 번 내보내기 때문이에요. 이렇게 하면 희미한 빛으로도 사물을 명확하게 구분할 수 있지요.

이 때 흡수되지 못하고 반사되는 빛 때문에 어둠 속에서 야행성 동물의 눈이 반짝이는 거랍니다. 이런 야행성 동물의 눈은 몇 가지 색밖에 구별하지 못해요. 밤에 사냥하기 때문에 색을 구별할 수도 없고 할 필요도 없기 때문이지요. 야행성 동물의 눈은 색이나 형태보다 움직임에 민감해요. 움직임이 없을 경우, 물체에 초점을 맞출 수가 없어 물체가 없는 것으로 착각하지요.

올빼미를 예로 들면, 야행성으로 진화된 눈으로 인해 강력한 햇빛이 비추는 낮에는 오히려 불편함을 느낀답니다. 그래서 햇빛이 거의 비치지 않는 수풀 속에 숨어 눈꺼풀을 반쯤만 열고 있지요. 올빼미의 눈동자는 원래 아주 크며 밤에는 다 열리게 돼요. 그러나 낮에는 작아진 눈동자로 눈에 들어오는 빛의 양을 조절하지요.

▼ 밤눈이 좋은 올빼미

_신은정(초등과학연구소 연구원)